中山出版

ZHONGSHAN　PUBLISHING

香山承文脉　好书读百年

Hello,神湾

梁素红 文/绘

SPM
南方出版传媒
广东人民出版社
· 广州 ·

图书在版编目（CIP）数据

Hello，神湾 / 梁素红文、绘. -- 广州 ： 广东人民出版社，
2016.7
（"Hello，中山"手绘漫画系列）

ISBN 978-7-218-11027-1

Ⅰ．①H… Ⅱ．①梁… Ⅲ．①乡镇－概况－中山市－图集 Ⅳ.
①K926.55-64

中国版本图书馆CIP数据核字（2016）第168158号

HELLO,SHEN WAN

Hello，神湾　　梁素红　文/绘

出 版 人：曾　莹

责任编辑：李锐锋　吴锐琼
装帧设计：陈宝玉

选题策划：广东人民出版社中山出版有限公司
策　　划：何腾江　吕斯敏
地　　址：中山市中山五路1号中山日报社8楼（邮编：528403）
电　　话：（0760）89882926　　（0760）89882925

出版发行：广东人民出版社
地　　址：广州市大沙头四马路10号（邮编：510102）
电　　话：（020）83798714（总编室）
传　　真：（020）83780199
网　　址：http://www.gdpph.com
印　　刷：佛山市高明领航彩色印刷有限公司
开　　本：787mm×1092mm　　1/32
印　　张：4.25　　　　　字　　数：30千
版　　次：2016年7月第1版　2016年7月第1次印刷
定　　价：25.00元

如发现印装质量问题影响阅读，请与出版社（0760-89882925）联系调换。
售书热线：（0760）88367862　　邮购：（0760）89882925

总　序

何腾江

　　都说现在是一个"看脸"的时代，手绘漫画图书的热销，就是标志之一。"轻阅读"的流行，正是时代发展的产物。顺势而为，我们打造了这套"Hello，中山"手绘漫画系列，一是让年轻人利用自己的地缘优势讲好"中山故事"，传播家乡传统文化；二是给年轻人机会出版作品，毕竟出书是一件严肃又庄重的事情，也是值得一辈子自豪的事情。

　　"Hello，中山"手绘漫画系列是一套开放式的选题，计划以每年出版一二十种新书的规模，以陆续出版、不断充实、不断丰富的方式，用若干年的时间，打造一套有规模、有品位、有传承力、有影响力的具有中山特色的原创手绘漫画书系。

　　作为"Hello，中山"手绘漫画系列的策划人，我期待中的这套书不止是巡礼式地给中山 24 个镇区各出一册，而是 N 册，同时扩充至其他领域，比如老字号、非物质文化遗产等，形成一套三五十册的较大规模，可较长时间立于中山人书架上的系列图书。所以，做好这一套图书，我们将坚持以下几点——

一是充分调动年轻人的积极性，邀请能写能画且熟悉中山的土著的非土著的年轻人加盟。2015 年 7 月出版的《Hello，石岐》作为"Hello，中山"手绘漫画系列的第一本，其作者是当地一所大学的应届毕业生，书稿其实就是两个年轻女孩子的毕业创作作品。在一次展览上，我们看中了书稿，于是拿过来出版。结果出版后，反响很好，于是我们又广罗人才，邀请了更多年轻人参照《Hello，石岐》的模式，给其他镇区画、写，慢慢积累，就有了 2016 年 8 月重磅推出的《Hello，石岐 II 》《Hello，沙溪》《Hello，南朗》《Hello，神湾》等。我们的出发点很明确，就是让中山的年轻人用自己的视角和喜爱的方式来讲述中山的故事，这是一个全新看中山的角度，让他们不囿于传统的模式去审视自己熟悉的地方。年轻人也可以借用这种新的形式来发挥自己的才能。它不仅让中山人认识中山，还让中山人重新探索和思考中山，同时去发现一个不一样的中山。

二是强调了书稿的本土性和原创性。越是民族的，越是世界的。中山是伟人故里，具有 800 多年的历史，人文丰盈、历史深厚、自然优美，可写可画的东西很多。有一句话说，世界不是缺少美，而是缺少发现美的眼睛。"Hello，中山"手绘漫画系列鼓励年轻的画家、作家去发现中山人都未必知道的中山，这激发了年轻人的热情。许多作者反馈回来的信息是，如果不是绘、写自己的家乡，还真不知道自己的家乡有这么美。

　　三是坚持内容为王。按照目前的出版方向，一是以行政区域为主题，二是选择可入画的中山题材。就拿行政区域这一主题来说，在执行的过程中，很容易做成官方宣传资料，这明显偏离了我们的初衷。凡是将官方资料堆积在书稿里，我们一律要求作者重新写。要用自己的语言来写自己可亲可爱的家乡。读者之所以喜爱这套图书，主要原因不仅是形式上活泼，还有就是内容上新颖。可读性成为重中之重。

　　四是安排了得力编辑专心打造。"Hello，中山"手绘漫画系列的前期指导作者的工作量超乎想象，原因无外乎：作者都是没有写书、编书、出书的经验，这样的问题那样的问题，时不时要编辑回答；对家乡的重点历史人文、传统文化等拿捏不准。我们专门安排了两位责任编辑来负责，随时随地指导好这一批年轻作者，以期共同做好这一套书。同时，在排版设计上，紧紧跟随当下畅销书的风向标，大胆启用大腰封，力求与传统的装帧方式有所区别，以更贴近年轻人的心理要求。

　　五是着重打造品牌效应。一种品牌就是一种无形资产，我们立足中山将近6年时间了，一直强调品牌的影响力，也打造了一批诸如"中山客"、"廉洁中山"、"故事中山"等品牌图书，得到了读者的普遍认可。我想，品牌代表的是一种不可多得的美誉度、可信度，而这些才是真正的无价之宝。"Hello，中山"手绘漫画系列从一开始的策划就立足于品牌效应了，为此我们专门设计了这套书的Logo、函套，还有手提袋，甚至还有它们的衍生产品——明信片、T恤、茶杯等。目前，这套书的品牌效应慢慢凸显出来了，难能可贵。

出版是个小行业，而且我们是在中山这样的小地方做出版，难度可想而知。但是，文化是个大产业，前景一片光明。我们将按照广东人民出版社中山出版有限公司的出版宗旨——"香山传文脉，好书读百年"，全力把"Hello，中山"手绘漫画系列打造成为品牌图书。

（作者系广东人民出版社中山出版有限公司总经理）

序

梁雪菊

细阅素红著写并绘画的《Hello，神湾》书稿，勾起了许多童年的回忆。

我是地道的中山人，20世纪七十年代中期出生在中山南区一个小村庄——龙环村。那时候的南区不叫南区，而叫环城，属于城郊结合处吧。那时候的龙环村也不叫龙环村，而叫长环。村前村后，门前屋后，似乎都栽有果树，如黄皮树、杨桃树、柚子树、芒果树、龙眼树、荔枝树、橄榄树。树上果子一熟，手一伸，便是时令。儿时关于水果的见识，好像就局限在那个小小的村落。

不过，夏季到来，若是恰巧有推着菠萝的货郎经过，母亲倒是常常会买回上几个。我最喜欢看的就是母亲用刀小心地削掉外皮，然后斜刀压着菠萝并转动，来回两下，便螺旋着去除了菠萝钉。每当这个时候，母亲便会盼咐我用碗盛来凉开水，放上盐巴，把菠萝切开浸之，而后食用。母亲告诉我这就是神湾菠萝，菠萝只有神湾的最好，并告诉我菠萝得种在什么样的土里，长多大的个头，才能有这样的香甜。

六七岁光景的我，脑海里便想象着树上如何挂满这些金黄的果子，想象着有一个叫"神湾"的"远方"，她长着菠萝的模样，有着馥郁的香气。以致于我日后每每听到"神湾"便想到"菠萝"，看见"菠萝"便想到"神湾"。

长大后，因朋友的关系，走进神湾，看到那一片片的菠萝园，才知道原来菠萝并不挂在树上。再后来，因工作的原因，常常驱车下乡，到神湾的学校调研或进行教学视导，认识了更多的朋友、老师，才知道神湾并不远，才了解到神湾更多的内涵。而随着生活品质的提高，人们对于美食的追寻、对郊野生活的向往，更是让神湾"禾虫"、神湾"丫髻山"渐渐如神湾"菠萝"一样，成为美好神湾的又一标签。

《Hello，神湾》没有宏大的家乡场景，没有深刻的人物叙事，然而字字句句、画画涂涂，却是另一种质朴、稚趣而别致的方式，讲述着作者对家乡风物人情的谙熟与爱恋，这很让人动情。

我愿意作为一名真诚的读者，透过这么一本小书，对家乡中山的风物风貌风俗，做一次温情的复习；又或者是想象自己是一个孩子或异乡人，透过这么一本小书，更好地了解中山这座美丽城市中叫做"神湾"的小镇。

这样，是不是更为适切？！

2016 年 7 月于中山

（作者系中山市诗歌学会副会长、中山市教体局语文教研员。）

目 录

◆

开
篇

　　山水平地各占三分之一，磨刀门水道水质优良，丫髻山、铁炉山山峰清秀……这是神州南陲的一处自然港湾。神湾，一个让人浮想联翩的地方。

　　"神"代表什么？这里在古时候是一片海滩，三面背山，面临磨刀门水道，有磨刀山丘作为天然屏障，是一个天然的避风港湾。往来的船舶常停泊于此，故初名为"船湾"。

　　后来为什么称为"神湾"呢？据说在当地流传有几个传说：

传说一：

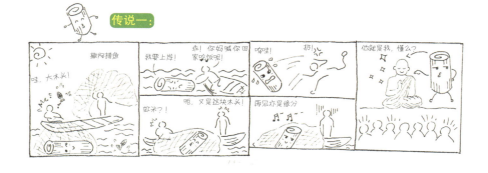

　　传说一：很久以前，在西江一带捕捞的渔民在一次出海作业时，捕到一根大木头，于是渔民把它扔回海里。但奇怪的是，这根木头三番五次都被捕入渔网中，渔民们便认为此木有神灵，于是把它雕刻成神像用来供奉，以求神灵保护港湾。"神湾"因此得名。

　　传说二：神湾柚埔村有一座祖庙，供奉的是华光爷。相传当年蒋介石派阎锡山前往查探中山、珠海、三灶等地，来到板芙时却看到神湾山上驻守了满山的兵队。最后阎锡山无奈撤退了。然而神湾的村民知道，当时神湾根本没有那么多士兵驻守。传说是因为华光爷显灵，当时就算是松树也被看做士兵。得神庇佑，因此取"神湾"之名。

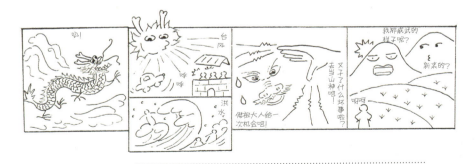

　　传说三：西江入海口曾有恶龙兴风作浪，引发台风和洪水，最终被佛祖制伏点化为神龙，化作大山，守护在西江入海口。这便是"神龙护湾"的由来，也是"神湾"得名的缘由。

于是，人们就坚信这是个有神仙停留的小镇，称她为"神湾"。

神湾的"神"不止于此，还有神奇好吃的特产——菠萝、禾虫、火龙果。神乎其技的禾虫烹饪技术，神仙视角看到的绮丽丫髻山，神也会嫉妒的淳朴生活，神马（什么）忧愁困苦只要到海港村走一走就会消散……想隐居于此相信神也会理解。若你认为我说话有诈，不妨亲自到神湾来游玩一番。

Hello，神湾！

最想念的神湾菠萝

对神湾菠萝的记忆，几乎就是关于童年最初的记忆。寂静的正午，阳光直射下来，地面斑斑驳驳，明的是光，阴的是树叶、枝干的影子。在这些天空忽然就明亮得近乎透明的夏天，我和弟弟挤在外婆的藤椅上，透过小窗，盯着窗外白花花的路面，等着大舅扛来一袋清晨刚割下的菠萝。

　　外婆的藤椅早已被我们姐弟俩的四只小脚丫踩得藤蔓松散，露出了几个小空洞。我们互相用脚争抢着地盘，正在纠缠间，从楼下飘来一阵香甜、清澈的菠萝香，于是都光着脚丫往楼下跑去。大舅早已麻利地削好了两个菠萝。接下来只要把菠萝眼去掉就可以吃了。外婆这时会端来一碗盐水，要我们把菠萝浸过了才吃。大舅告诉我们，神湾菠萝吃了口舌不会发麻，不用浸盐水吃。我们比着菠萝个头的大小，一边向外婆抗议着莫须有的偏心，一边迫不及待地抓着菠萝柄大口咬下去，只觉满口软糯香甜的菠萝肉汁充斥着口腔，味蕾瞬间开出一朵

朵花。爽脆无渣，连芯都可以放心大嚼，吃后唇齿留香。外婆总是静静地待在我们左右，生怕我们吃得太多。而放在眼前的盐水，我始终没有蘸过。

在我们这个小镇，尤以"神湾菠萝"出名。它的来源是有故事的。故事从外婆口中传给妈妈，再传给我姐弟俩。20世纪30年代，一个叫李国汉的年轻人从南洋打工归来，把新加坡一种叫做"金山种"的菠萝苗带回中山神湾，种在自家院子。等到菠萝成熟后，他发现菠萝异常清甜好吃。乡亲吃过后也觉得味道好，便纷纷前来借苗。由于神湾背山面海，雨水充沛，土地肥沃，特别适宜菠萝的生长，于是神湾菠萝便发展起来了。成熟的菠萝一般每个重半公斤左右，色泽金黄，皮薄肉厚，更难得的是肉细爽脆无渣，甜蜜清香。香港美食评论家蔡澜先生与《十二道锋味》摄制组曾到神湾，他们品尝过后也连连称赞。

夏季，菠萝成熟可以采摘的时候，总有朋友要我引路上山为他们找新鲜的菠萝，或就地而吃，或捎走作为食材。

上山摘菠萝必备：

相机

菠萝叶带刺，长裤必须要有！

墨镜

清凉油

防晒霜

帽子

上山去！快拉紧我的小手！

绘画工具

爱她，就带她到神湾摘菠萝吧！

小学同学阿春继承了家族的菠萝园，每次都由他带领我们上山采摘新鲜菠萝。出发前，阿春会叮嘱大家要做好防暑措施，不能穿短袖短裤，最好戴上草帽遮阳等，他还会在兜里替大伙准备好清凉油。你想象不到这样一个戴着大草帽，肩上扛起几把镰刀，皮肤被夏日的阳光晒得黝黑发亮，脖子上还挂着一条粗金项链，外形看似粗犷的男人如此细心。到了半山，阿春首先熟练地摘了几个菠萝给大家品尝。新鲜的菠萝特别清甜、解渴，吃完之后唇齿留香。尝过后，大家采摘的积极性更高了。摘菠萝和摘其他水果不一样，因为菠萝的叶子有很多刺，一不小心就会刺伤自己，所以要借助工具。走在菠萝地上，不小心还会被菠萝叶刮伤，所以这是一个细心、努力的过程。

神湾菠萝吃相大追踪：

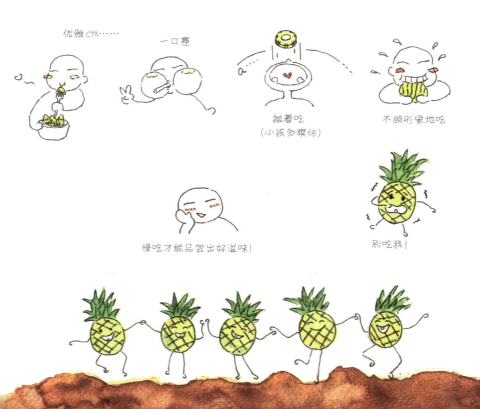

优雅chi……

一口塞

抠着吃
（小孩勿模仿）

不顾形象地吃

慢吃才能品尝出好滋味！

别吃我！

Let's "削菠萝"

1. 把菠萝叶切掉，留柄。

2. 用刀削菠萝表皮，不要削太深哦！

3. 剔除菠萝眼。

4. 香甜的菠萝削好可以吃了。

欢迎上山采摘菠萝

市价：7—11元／斤（依时段）
成熟的神湾菠萝

熟能生巧，卖菠萝的大姆绝对是"犀利刀"！

洗刀水

菠萝皮

在山头上席地而坐，俯览山下，景色如此美好。大家惊讶于大自然的无穷魔力。品尝着最正宗的神湾菠萝的同时，阿春会给大家科普一下何为"正宗"。正宗的神湾菠萝种在丫髻山上，吸的是山水，甘甜如蜜，不用蘸盐水也能吃。在丫髻山上，长满一排排矮矮的菠萝树，其高度不过膝盖。这里种植的菠萝属于"金山种"，皮薄肉厚果眼浅。阿春还说，盛产菠萝的神湾镇有十几个村，其中他们沙冈村的菠萝最有名，因为这里的土地含沙量大，土质含水量少，昼夜温差大，有利于菠萝糖分的聚集和矿物质的吸收。成熟的菠萝甜如蜜，味道香甜，连蛇都会忍不住排除万难爬上满是刺的菠萝树上去偷吃。

特色菜：菠萝咕噜肉

直接把菠萝削了来吃，当然是原汁原味。要是有闲暇来准备，还可以用菠萝来做菜，花样可真不少：菠萝排骨、菠萝鸡、菠萝炒饭、菠萝咕噜肉、菠萝榨汁……在这些菜式中，最亲切的就是菠萝咕噜肉，那是记忆中的妈妈的拿手菜。回来家乡工作的起初几年，每天最幸福的事情就是回家吃饭。妈妈在尝试制作菠萝咕噜肉成功前失败过很多次，但因为我爱吃的关系，她最终也做出了地道的菠萝咕噜肉，并且会撒上一些香菜作装饰。

◎ 菠萝咕噜肉

什么是咕噜肉？就是把猪的里脊肉切粒，用腌料腌制后粘炸粉下油炸，然后配以最浓郁的甜——神湾菠萝切块拌炒，烧出来的菜酸甜可口。与用柴火煮好的白饭搭配着吃，回味悠长。也许是猪肉和菠萝发生了什么反应，猪肉的肥腻在菠萝的"调教"下荡然无存，仅留下肉的鲜香。原来的肥腻配上神湾菠萝，便不再肥腻。

食　法

神湾菠萝王子

果汁

盐水 ✗

榨汁更健康

罐头君

好吃得太没人性了

菠萝船

菠萝咕噜肉

菠萝包

　　如果想要来些小清新，可以尝试一下神湾的菠萝包。它与港产片中茶餐厅的菠萝包不同，馅里真有菠萝。在神湾，厨子们会就地取材，在菠萝包中添加菠萝粒，让菠萝的香味与鸡蛋香味完美融合。咬下一口，你可以感受到鸡蛋的丝滑口感和菠萝粒的多汁香甜。

菠萝海鲜船

　　菠萝海鲜船很受情侣们欢迎，其独特的造型和绝佳的口感能诱发浪漫。这道色香味俱全的菜式是把菠萝粒与虾、蟹柳、鱿鱼片等海鲜食材一起快炒后，装入一只果肉被掏空的菠萝里。菠萝花的花语为"完美无缺"，难怪热恋中的人们会如此热爱这道菜。

当然，最想念的还是外婆亲手做的菠萝椰丝花生馅茶果。每次到外婆家，她会早早地站立在门口，见到我们两姐弟就会说："来啦，饿不饿？"然后领我们走进厨房，厨房里烧柴火的老式灶台上已摆好了茶果。外婆对亲人的疼爱，永远是喂饱了再说。在外婆家总觉得时间过得太快，于是各种耍赖，希望能在外婆家多留宿几夜，清晨又可以早早地在公鸡叫晓的时候和外婆一起坐在院子里削菠萝，捣馅做茶果。

神湾菠萝 咕噜肉制作：

1 猪里脊肉用盐、酒、鸡蛋、胡椒、淀粉腌制，后炸至金黄。

2 菠萝、青红椒切块烫熟。

3 用醋、番茄酱、盐、糖制汁。

4 将上述材料一并倒入锅炒匀即可。

神湾菠萝　叶仔制作：

以糯米粉做粉皮，包入由椰丝、花生、芝麻、神湾菠萝粒组成的馅料。

1 捏成柱状后用蕉叶包住蒸熟即可。

　　现在每次去采摘菠萝，满足味觉之欲并非全部乐趣。无论山珍还是海味，如果没有了情感记忆在其中，也不过是一道食材。生活在神湾，一天天浸润在神湾的空气、水、植物中，经历无数个早晨、夜晚的人，更容易懂得神湾最自然的馈赠。

小 Tips：

"神湾菠萝"：神湾菠萝是神湾镇极具特色的名优土特产，曾获中山市十佳名优旅游产品，并通过了国家绿色食品 A 级认证。神湾菠萝原有两个品种。一种果大，食后感觉麻口，称为旧种，现已无存。另一种是新品种，又称"金山种"，即现闻名的神湾菠萝，果黄色，果眼浅，不必蘸盐水即可食用，更难得的是芯细爽脆无渣，甜蜜清香而无酸味，浓郁果味齿颊留香。神湾菠萝不仅可以作为水果吃，做菜烹调更是一款爽口开胃菜。从 20 世纪 20 年代开始，神湾镇人就开始种植菠萝，在 1937—1939 年期间，神湾菠萝的种植最盛，当地几乎家家户户都栽种，少的 2000–3000 株，多的 8000–10000 株。

营养价值：菠萝含有一种叫"菠萝朊酶"的物质，它能分解蛋白质，溶解阻塞于组织中的纤维蛋白和血凝块，改善局部的血液循环，消除炎症和水肿。菠萝中所含糖、盐类和酶有利尿作用，适当食用对肾炎，高血压病患者有益。菠萝性味甘平，具有健胃消食、补脾止泻、清胃解渴等功用。

食用及禁忌：由于菠萝中含有刺激作用的甙类物质和菠萝蛋白酶，因此应将果皮和果刺修净，将果肉切成块状，在稀盐水或糖水中浸渍，浸出甙类，然后再吃。民间还有一种吃菠萝的禁忌的说法，就是菠萝和蜂蜜不能同时食用，据说这样吃会中毒。

菠萝和凤梨的区别：凤梨与菠萝为不同种水果。菠萝削皮后，由于"内刺"需要用刀划出一道道沟，这就是我们常见的菠萝。而凤梨消掉外皮后。没有"内刺"，故不需要划出一道道沟。大多数人以为凤梨和菠萝是同一种水果，其实这是一个误区。由于凤梨产量较菠萝少，所以价格也略微贵些。

从市区怎么去？

地址：中山市神湾镇沙岗村丫髻山

【推荐】 月宝果园（电话：15007610300　阿春）
　　　　锦鸿果园（电话：13702383586　黎生）
　　　　甜满园果园（电话：18928105222）

公交车：乘坐206或者35路公交车在神湾邮局（神湾镇人民政府）站下车，后从镇政府对面公路步行直入两公里。

自驾：在神湾镇人民政府对面公路直入两公里，或在神湾旧市场（神湾医院）处直入。

◎ 入果场路线图

◆

禾虫来，张口

被吓到的老伯，会不会高血压……

老妈，神经超级大条！

假装不认识……

虫虫跑到车上来了！

公交车上

当喧闹、躁动的夏季远走，清风、小扇、月色的秋来了。秋日的颜色向来不浓烈，这时的晚稻开始抽穗扬花，"水中珍品"神湾禾虫亦到了当造之时。

"晨早埋街争利市，满城挑担卖禾虫。"天未亮，冲口市场早已有六七家禾虫的销售摊摆开，窄小的街道里飘过阵阵虫腥香。童年时每逢这时节，妈妈会在凌晨五六点来到市场，买上好几斤禾虫，用红色塑料盆装好，天亮了便与我一起送去石岐的阿伯家。塑料盆里满是奋力蠕动着的禾虫，我会凑得很近去观察它们的样子：与我的小指一样长，身体细细扁扁，身上竟然有青紫红黄几种颜色！"丑死啦，长得好像变色蜈蚣！"妈妈并不理会我的童年稚语，一声"出发了"，我便欢快地跟在她的身后走。妈妈捧着一大满盆禾虫，面对惊讶的汽车售票员并不显闪缩，反倒是骄傲地告诉车里人："禾虫过造恨唔返。"

清晨冲口市场卖禾虫

"禾虫过造恨唔返"

何谓"禾虫过造恨唔返"？这是一句南粤俗语。广东方言中的"造"，为农作物每年收成次数的量词，清代屈大均曾在《广东新语》卷十一《文语·土言》中有"一熟曰一造"的解释。禾虫恰恰也有极强的季节性，每年农历三月、五月和八月才会大量出现，故以"造"论之。这里的"恨唔返"，"恨"是心痒的意思，"唔"为不，"返"即回来之意。所以，这句话的意思就是：禾虫若过了季节，再馋也吃不着，后悔也没有用。这句俗语还有一段故事。传说有一位妇人，她的丈夫不幸过世了。旧时穷苦人家的殡葬仪式很简单，只要用瓦盆到河边"买水"（装水），再用水来清洁往生的身体，便能令他无憾告别此生。岂料妇人在桥头边看到有禾虫售卖，便马上把盆里的水都泼掉，转而购得一盆禾虫。别人问她，她只说："老公死，老公生，禾虫过造恨唔返。"意思是，老公没有了可以再找，但是错过了当造的禾虫，就追悔莫及了。听了后你是觉得这妇人过于薄情还是惊讶于禾虫的魅力？也许，在超级"吃货"的世界里，道德可以宽容，而"禾虫瘾"却是戒不掉的。

　　"落网安兜趁晚风"，如何捕捉这些只出现在三更半夜时分的小精灵？它们不像萤火虫可发光发亮给我们以指引。广隆饭店创始人陈伯是养殖禾虫的专业户，他满足了我们的好奇心。夜里，我和老公摸黑到达位于竹排村东南面的禾虫滩。这时河滩正涨潮，陈伯在滩涂出口架设"禾虫篓"，一种比蚊帐更细密的网，以"迎接"顺流而下的禾虫。"等潮退了就可以装禾虫咯！"这位将近70的老人家非常热情，也总是挂着平和的笑容。半夜一点，潮退了，准备就绪后，升起水闸，随着水流加速消退，网口出现了"自投罗网"的禾虫。用手电筒靠近一看，一大片黄黄绿绿、火柴般大小的禾虫在水中游动着，这时就可以及时起网收虫了。陈伯说，要想装到大量的禾虫并非易事，一般要在天气、水文条件合适的情况下，禾虫才会大量离开草根，密密麻麻飘浮在水面上。

装禾虫

1 装禾虫的"笭"。

2 装到的禾虫聚集于此。

3 草坦、滩涂。

　　陈伯把捕捉好的禾虫拿回饭店"自装自销"。广隆饭店是经营了二十多年的老饭店，其出品的河鲜与禾虫的鲜美常令食客销魂，难以忘怀。普鲁斯特在《追忆似水年华》中讲，吃到"小玛德莱娜"饼干时的感觉是："只觉人生一世，荣辱得失都清淡如水，背时遭劫亦无甚大碍。"禾虫亦如这般令人难忘。它低脂肪高蛋白，烹饪后香浓味鲜，甘香软滑，是一种"多情"的食物，味道会在齿间缠绕，长久不去。

禾虫可蒸可炖，可煎可炸，或焦香可口，或清甜香滑。简单的虫子能做出想象不到的诸多美味。和着鸡蛋、生蒜子、陈皮丝的钵仔炖禾虫奇香无比，得细细品尝，一小口一小口，让虫子滑进嘴里。膏香、腻香、滑香，一层层进入到食客的心里。如果恐害怕见到一条条清晰的禾虫，可以尝试外焦内嫩香脆爽口的椒盐禾虫。就此下酒，酒香滋养着虫香，唇舌间顷刻充满了快感。还有软糯鲜甜的禾虫焗饭、禾虫煎蛋，采用新鲜禾虫和晒干的禾虫一起煲的禾虫汤，均是一绝。就连陈梦因《粤菜溯源录》也列有这样的一席禾虫宴：金菜禾虫汤、莲藕煲禾虫汤、禾虫栗子炆烧腩、腌咸禾虫蒸腊肉、禾虫炆柚皮、干烧禾虫、炒禾虫、禾虫炒蛋等。

◎ 禾虫的各种菜色

老公是土生土长的石岐人，却对神湾禾虫痴迷不已，尤其喜欢生炒禾虫。生炒禾虫最讲技巧。禾虫体内都是浆液，火力稍猛就会"爆浆"，所以必须在初沸的水中拖过，使其变"硬身"，然后再与生蒜子、各种香料慢火煨炒。这样的禾虫炒好后头尾整齐，有嚼劲，保留了禾虫的原汁原味。也可以捣烂制成禾虫酱、晒成禾虫干。记得童年时阳台簸箕上就晒满了妈妈炮制的禾虫干。禾虫干熏香甘甜，如今每次回到神湾，如果告诉我家里有禾虫干，我会毫不客气地坐下来就着吃两大碗白饭，甚至会对弟弟不喜欢吃愤怒无比。那种香味，我怎么吃也吃不够，可我弟弟一看见，就愁眉苦脸。

白菜干

自制腊肉

晒禾虫，制禾虫饼。禾虫饼，以鲜取胜。《顺德县志》载："禾虫，制之做酱，或腌咸晒为干，味皆美。"

制禾虫饼

1 将新鲜的禾虫用布把水分吸干。

2 放在簸箕上晒，当水分差不多收干时用刀把它们切成一个个饼的形状，然后继续晒。晒的时候要注意翻面均匀，直到晒干为止。

3 最后放点酒在禾虫饼上，就大功告成了。

禾虫食谱

三五知己讲
多无谓，呷条禾
虫最实际

炖禾虫

生炒禾虫

禾虫汤

禾虫干

禾虫酱

禾虫下酒真香

禾虫煎蛋

材料：4 只鸡蛋
　　　半斤禾虫
　　　葱、姜、蒜、果皮

打蛋，搅均匀

盐

果皮

捣烂

小火煎

禾虫稻米：所谓的禾虫稻米就是养殖禾虫的地里产出的稻米，没有施肥，没有农药。

在禾虫生长的滩涂里种植的水稻，被神湾当地人形象地称为"禾虫稻"，也作"赤米"。

含丰富的膳食纤维，具有很高的营养价值。

相传以前的水上人家，每当孕妇产下婴儿，都会让产妇食用禾虫米熬的粥。如今，神湾镇竹排村和海湾村一带仍保留这一习俗。

主厨勇哥：在一个开放式的厨房里，火苗发出呼呼的风声，勇哥熟练地将禾虫在半空中均匀地洒在锅里。整个过程，所谓的火候，也就是勇哥的眼睛，这种功夫不是人人都有。

对吃的喜好判断，真是最霸道，也最没有道理。它与你的记忆、故乡息息相关。这田间的美味——禾虫，直至今天，舌尖依然保留着初尝它时的震惊感觉和复杂味道。

广隆饭店创始人：**陈金焕**

　　陈伯童年时已经跟父辈下滩捉禾虫，喜欢站在灶台旁学做菜。从洗菜到切菜，他吸收父辈的小经验小诀窍，并尝试创新。他笑言，当禾虫上碟时，只需用鼻子闻闻就可知道掌厨的火候是否到家。

小 Tips：禾虫

百科：体细长稍扁，长 40—80 毫米，宽约 5 毫米，全体有 60 多个体节。头略呈六角形，有大眼 2 对。头部腹面中央有口，有触须 4 对，触角和触手各 2 个。

繁殖季节：民间认为，疣吻沙蚕只生长在咸淡水交界的稻田表土层里，以腐烂的禾根为食，在早晚两造水稻孕穗扬花时性成熟而破土而出，故名禾虫。疣吻沙蚕一年之中有两个繁殖季节，分别是农历四五月和农历九十月的大潮期。农历四五月的被称为早造虫，也叫"荔枝虫"，因为此时是荔枝成熟的季节。这时的禾虫体瘦且色青量少，说明性细胞量较少。而农历九十月的称为晚造虫或正造虫，也被称为"金花虫"。此季节的禾虫是一年之中的上品，虫子体态丰腴肥嫩，含浆饱满，说明性细胞量大。一般每尾体重 3 克左右的雌性异沙蚕体怀卵量为 20—30 万粒。所以一年之中繁殖的高峰季节为农历九至十月。

营养价值：禾虫含丰富的蛋白质、脂肪、铁、磷和维生素 B 等，营养价值高，味道非常鲜美、香甜，极受当地百姓所喜爱。禾虫炒、炸、熏、蒸、生晒、腌制均可，将禾虫晒干了用来煲汤对治疗风湿有帮助。

菜单补充：

◆ 炆禾虫

食材：烧肉或者五花肉（起油锅时候用）、蒜、姜、白酒（1斤禾虫要配1两白酒）、酱油、果皮 。

做法：用烧肉或者五花肉起油锅，然后把禾虫下锅，注意控制火候，焖的时间越长越香。

◆ 砵仔炖禾虫

食材：烧肉、蒜、姜、果皮、盐、油、鸡蛋（1斤禾虫配1—1.5 个鸡蛋）

做法：这道菜特别香浓、美味，让人回味无穷，但是制作工序也相对繁复。首先把配料和禾虫一起放进砵仔（8两到1斤禾虫），水开后把整个砵仔放到锅里蒸20分钟，然后拿出。接下来就是吸水工序了。一般有两种方法，一是用微波炉稍微烘干水分，二是用干净的毛巾吸水。第三步就是放到煤气炉烧，烧的时候要注意火候和时间，所以说这道菜不但工序多还对厨师有相当高的要求。

◆ 禾虫汤

食材：蒜头、姜片、果皮、鸡脚、眉头、白胡椒（轻拍一下）

做法：冷水时候把禾虫和配料一起放到锅里面煲，可长可短，因人而异。

◆

果茂瓜香丫髻岭

　　远远地便可以看到绿色的丫髻山。山下是熟悉的小镇，镇里有着亲爱的家人，这便是最为动人的风景。

　　丫髻山是神湾的最高点，也是神湾的标志之一。之所以称为"丫髻"，是因为它的顶峰比周边的山峰高出很多，远远看起来很像是女儿头上的发髻。名字亲切，风景迷人。一位卖糖水的老人曾作诗描述："日照铁炉生紫烟，一弘溪涧山水间。白水林顶赏平湖，丫髻日落惹人醉。"

光头梳洗才容易

女儿头上的发髻

卖糖水的老人

日照铁炉生紫烟，
一弘溪涧山水间。白水
林顶赏平湖，丫髻山日
落惹人醉。

绿豆沙
红豆沙
豆腐花
凉粉

那个谁，你带钱了没？
我好想吃碗充满诗意的豆
腐花呀！

呃！
我，我没带……

想认识一座山的面目，最简单的方式便是清晨去走走。此时的山刚从梦中醒来，雨露微沾，不着粉黛，素面迎人。它的表情与故事全被唤醒。

◎ 狗囊子

神滃果场的水果熟透了!

◎ 丫髻山里的花草

　　时间还早得很。山脚一带，树梢的鸟雀啼叫，火龙果田在雾气里无限延伸。一排果树旁，深绿色的粗藤从黄澄澄的土中伸出往上攀爬，纠结成一团。紫红色的火龙果从藤蔓中探出头来，表皮还附着一层露水。神湾火龙果外表像一团愤怒的红色火球，里面的果肉以红肉出名，布满黑色的小籽，质地温和，清香多汁。

　　洪叔是地道的神湾人，身材魁梧，说话语速快。平日里有客人来，二话没说，摘、削、切，不消几分钟，他就可以把菠萝送到客人手上。如今，他经营锦洪果园已有十多年，园内种有大片菠萝、龙眼、荔枝、火龙果、黄皮等果树，更有四十多棵超过一百三十岁高龄的荔枝树。

"火龙果开花时火龙果田是最美的。"望着草绿芳香的丫髻山，洪叔说。火龙果花长得与霸王花很相似，玉白色花朵里裹着嫩黄花蕊，很好看。火龙果花在夜间开放，到了清晨即谢，绽放的一刻如昙花一现，让人心动。那美丽的大花所散发的香味淡雅清香，给人吉祥之感，所以它又被称为"吉祥花"。据洪叔说，火龙果花可以煲汤、炖肉、清炒，也可以凉拌或泡茶喝。

夏季的丫髻山充满着阳光与果实。丫髻山周边种满了神湾菠萝。一垄一垄约半米高的菠萝树围绕在山边，像梯田，从山腰层层叠叠直到山脚，高低错落看起来很壮观。成熟的神湾菠萝色泽金黄、皮薄肉厚、爽脆无渣、甜蜜清香。山脚下的小溪叮咚流淌，小孩子挽起裤脚踢水嬉戏，捉蝌蚪，逗小鸭。冰凉的溪水缓解了夏季的暑热。如果幸运，还会发现石头上嫩红色的鱼卵，岸边小蟹悄悄地爬过。在山边饮山水，可以就近摘一片树叶卷成筒形，慢慢舀着山水，细细品尝那山水的甜味儿。伴着夏日的阳光，番石榴熟了，浓郁的香气让人禁不住寻找它的芳踪，荔枝龙眼也挂满枝头。山光人意，俱有喜态。

◎ 石头上嫩红色的鱼卵清晰可见，岸边螃蟹悄悄地爬过。

山中的秋，柿子挂满枝头。

飞翔的美，属于蝴蝶。不要伤害山中的小生物哦！

◎ 丫髻山脚下，鸭子在溪水间逗留。

　　当秋来时，两旁的荔枝龙眼树茂密，小溪边的竹子水墨般点缀，成熟的柿子不时掉下一两个，撞出点成熟的腔调。野菊花远远近近，开遍山坡沟畔。

　　丫髻山中到处都是宝，山上野生的药草野菜种类繁多：三丫苦可以制成可口的糕点清热解毒；五爪金龙煲汤治风湿肿痛，外敷治热毒疮；火炭母炒蜜吃能止痢症；砂药草花开放时采摘，能治伤风头痛、蛇伤。另外还有狗肝菜、艾草、益母草、夏枯草等，都是常用的药草。家里的老人都熟悉这些平凡的青草，空闲时采一些晾干，待家人有小病痛时可以派上用场。

这些平凡的青草，采一些晾干，待家人有小病痛时可以用上。采摘野生的药草和野菜时，要有熟悉其特性的人带领，不然可能会不小心采摘到形似的有毒植物哦！

记得儿时放学，书包还没放下，就是咕噜一碗"狗肝菜八月豆"下肚。那汤色黄绿相间，甚是好看，喝完后又可以吆喝着小伙伴去玩耍。

三丫苦叶榨汁后掺入糯米粉里揉成粉团，上锅蒸熟后便可切块吃啦！煮些糖浆佐之，苦中带甜，很好吃。

三丫苦

三丫苦糕

狗肝菜

狗肝菜与八月豆一同煮水后，加少许盐花或黄糖，清热解毒，很好喝，对眼睛有益处，适合"用眼一族"！

取金银花煮水，加少许盐，中小火煮15分钟，隔渣后给宝宝洗澡，能有效治疗婴儿湿疹哦。

金银花

　　现在，我喜欢采摘新鲜的野生紫苏制作紫苏汁。其做法很简单，先把水烧开，放进洗干净的紫苏，煮沸后小火再煮15分钟，然后放入适量的柠檬汁。这个时候最神奇了，碧绿的紫苏水遇上柠檬后瞬间变为好看的紫红色。最后加入适量的白糖，煮沸后拂去浮沫便可以装瓶冷藏。喝的时候兑温水或者苏打水、牛奶均可。紫苏汁酸甜可口，对身体有益，可以缓解过敏症状、失眠、食物中毒。不少民间"中草药师"会在适当的季节爬上丫髻山采挖野药草，加工晒干后拿到集市上售卖。

制紫苏汁

材料: 紫苏叶
柠檬（一个）
冰糖

把紫苏叶洗干净

放进水里煮成紫苏水

滴入柠檬汁

紫苏水瞬间变成紫红色

5分钟

放进冰糖继续煮

5分钟，好喝又好看的紫苏水煮好咯

友人阿奇的工作是"守山"，几年间在丫髻山、铁炉山中看遍云散日朗，随口可歌，随口可诗。他写诗，用的是白话（粤语），别有风味："哩度（这里）风光无限好，游一游，走一走，柴米油盐唔洗（不用）愁；富也好，穷也好，丫髻山上无尽宝，有咩（什么）宝？——问问山上嘅（的）野药草。"

带上喜欢徒步攀山的伙伴，可以顺着登山台阶走上丫髻山。这是一次对体力和意志的考验之旅，但山顶的风光绝对会回报你的：蓝天清澈，神湾风光尽收眼底。你可以为各种心仪的景致拍照，也可以独坐山顶，俯视翠绿的果树。吸进清爽的空气，整个人会像得到了灵气的加持，内心变得安静而平和。

◎ 丫髻山山顶风光

青峰作望台，静女颜如玉。紫霞作霓裳，衣带拂尘俗。
天风奏佩环，丫髻簪金菊。日暮起松涛，似闻神女哭。
仿佛曾相识，上前问畴昔。久久叹一声，惊裂悬崖石。
民女生神湾，华年豆蔻翠。嫁得田舍郎，稼穑迎丰岁。
窗前种兰蕙，儿女牵裾袂。善良天赋性，何曾干戈累。
北方传鼙鼓，临安城已坠。夫婿起彷徨，夜夜未安寐。
虽无武穆才，白眼藐权贵。太息好河山，送与虎狼噬。
报国从军行，文山作统帅。血战伶仃洋，风标千古佩。
又别磨刀门，崖山展壮志。民女望夫回，山高立云际。
恩爱夫妻情，悠悠安可废。相思复相悲，凄然曰悲涕。
萍踪偶一遇，久久遏丫髻。天生我多情，青衫尽染泪。
国泰才民安，安定弥足贵。宏愿越千年，完梦羲皇世。

（作者：杨官汉）

小 Tips：

火龙果特征

火龙果原产中美洲热带沙漠地区，硕大、洁白的火龙果花，花形奇特，单朵花最重可达 0.5 公斤，花瓣一般为白色，花丝、花药为黄色。果肉为红色，则花萼也为红色；果肉为白色，花萼则为白色，这是区分红肉、白肉火龙果的重要特征。因此，想要得到既定颜色果肉的火龙果就需要进行人工辅助授粉。火龙果人工授粉其实很简单：把棉签放进花里面随意转一转，棉签上已经沾满了花粉了，把带有花粉的棉签涂在雌蕊上就可以了（下面短小的是雄蕊，上面高起来的是雌蕊）。

火龙果食谱

炒熟香甜清脆，煮汤品味清甜，火锅更是极品。生食则清脆润滑，香甜味美。如要品尝鲜花食材的精粹，白灼的做法更为适合，也可以用辣油凉拌，可以在辛辣之中突出火龙果花那股香甜之味。

火龙果花茶：将鲜花放沸水中冲泡或煮沸数分钟，加冰糖，冷冻后饮，口感香醇，胜过菊花茶。

火龙果花煲汤：胡萝卜火龙果花煲瘦肉。材料有火龙果花、胡萝卜、猪腿肉、鸡脚、蜜枣。除胡萝卜外，其他材料加水先用慢火煲两个小时，然后加入胡萝卜，再煲半小时，最后加盐调味即成。

火龙果营养价值：其花粉花青素含量高丰，并具有高营养、低热量、低脂肪，富含维生素等特点，明目、降压效用显著。

农庄（食肆）推荐

锦洪果场：烧烤、烩鸡、柴火粥（以荔枝柴煲粥：柴鱼花生粥、鸡丝粥）。

顺德公：鱼生、白切鸡、农家小炒、啜鱼。

联系人：汤生 13450998939

伟庭果园：打炉仔、火锅、烩鸡、烧烤、竹筒饭。有售正宗天然蜂蜜。

联系电话：13680215055

光其果场：可看日落，订做烧鸡竹筒饭、烧猪、炒菜、观赏火龙果花。

联系电话：13286362029

◎ 烧烤（锦洪）

◎ 烩鸡（锦洪）

◎ 花蛤蒸蛋（顺德公）

◎ 生鱼片（顺德公）

◎ 啜鱼（顺德公）

◎ 火锅（伟庭）

◎ 竹筒饭（伟庭）

节庆里探人文魅力

中国有句俗语："百里不同风，千里不同俗"，也可以说"各处乡村各处例"。这些风尚习俗是历代相沿下来的，已成为中华民族传统文化中的一部分。神湾作为中山的一个边陲小镇，有自己的民间风俗习惯和岁时习俗，同时也具有浓郁的地方节日特色。

"神湾墟石桥"

　　南方地区一般把乡镇称为墟。在农历的特定时间形成市集交易场所，约定俗成也就有了"墟日"。趁墟，就是赶集了。不论是"墟日"还是重要的传统节日，"神湾墟石桥"都扮演着重要的角色。

　　当腊梅绽开腊蕊，水仙花在窗台上葱绿一片，和暖的阳光洒向大地时，年就要来了。腊月尾巴的"神湾墟石桥"更是比往日热闹。神湾桥的两侧仿佛两条即将腾空的火龙，桥上人们摩肩接踵，满当当的货品与进进出出的人流把整座桥填充得没有半点空隙，黑压压的人头在旧市场的进出口处形成了一个"人"字。四面八方的商贩涌至，这边眼花缭乱的年货摆满了桥脚两侧：花生、瓜子、冻米糖、芝麻糖、糖果、葡萄干、香蜡、鞭炮、对联、年画、红纸、烟茶、佐料……那

边物品多而丰富：几口大铁锅一字排开，油晃晃的油条刚上锅，透着米香的拉布粉糯口顺滑，早已炖得酥软肉烂的羊肉牛肉，一个个码放在热气腾腾的蒸笼里形如雪的大馒头，一大盆滑溜溜的濑粉汤配着绿的小香葱（这就是客家人的拿手汤），还有盛放在推车中的茶果、香芋糕、萝卜糕、叶仔、煎堆，摆放在竹篮里的农家鸡蛋，红的绿的水嫩新鲜的时令果蔬，一袋袋已经晒干的草药，自家熏制的腊味，晶莹剔透的花蜜，各种坚果零食，活蹦乱跳的小雏鸡小雏鸭，好看的新年盆栽……各种各样的货物一样连着一样，合着叫卖声、讨价还价声、爽朗笑声，非常热闹。

最让孩子喜欢的就是白花花、甜腻腻、新鲜咬着吃能拉出丝来的米花糖。商贩就地搭锅熬上糖浆，把米花、芝麻、花生等倒进锅里，搅拌均匀后放在干净的案板上压平切块，那甜香味老远就让人心痒，掰着吃，酥脆香甜。

　　小孩骑在父亲脖子上，口里塞满了米花糖，年轻人欢喜地挑选着心仪的年花，家庭主妇提着一袋两袋满装了的塑料袋讨价还价……这就是记忆中墟石桥年前的欢乐景象。

倒入米花、芝麻、花生等，搅拌均匀。

搭锅熬上糖浆。

白花花甜腻腻新鲜咬着吃能拉出丝来的米花糖

最终制作出来的米花糖

土地诞

《香山县志》载："二月上戊祭社，烧大彩爆竹。"史料称：土地诞习惯上称春社，是古代人们春天祭祀土地神，以祈求地润万物，五谷丰登的日子。土地神又称土地公公、土地公、土地爷，是民间信仰的众神之一。据《中山市志》称：新中国成立前，中山农村许多地区在土地诞这一天公祭街头路边的神社，祈求风调雨顺。入夜焚烧用禾秆束制成的巨大花炮，其中带有两个小炮，称"猪仔炮"。相传拾获者有添丁的喜兆。这也被称为"抢花炮"。在神湾镇柚埔村，这种习俗被保存至今。

◎ 二月二土地诞

二月二土地诞是神湾柚埔较隆重的节日之一。柚埔村是一个小山村，山脚山腰都住有人家，山顶建有祠堂。这天，柚埔村里会早早地用六条大烧猪供奉村里的土地公，家家户户更会宴请亲朋好友一起吃顿家常饭。中午时分，主人家会做好传统贺节食物"鸡煮酒"来暖胃。"鸡煮酒"的做法是先把姜炒好，要猛火，然后放鸡肉一起炒，再放入黄酒，加水煮汤，最后放上濑粉和葱花，一碗热腾腾的"鸡煮酒"就完成了。这样的汤煮好后酒香扑鼻，鸡味浓郁，吃得大汗淋漓。傍晚，村里供奉的六条烧猪会切好分给村民，村民会设宴招待亲朋好友，据说来的客人越多，会给家里带来越多的吉祥好运。主人家是非常好客的，油焖大虾、白切鸡、烧猪肉、蒸白贝、姜炒蟹……满屋缭绕着的香气都在诉说着主人家的热情礼待。

　　晚上大约八时，会在祠堂的空地上举行一年一度的"抢花炮"社火活动。祠堂外面的空地上人山人海。来看"抢花炮"的除了本村的男女老少，也有因好奇远道而来的客人。随着阵阵响彻天穹的炮声，朵朵色彩缤纷的烟花在漆黑的夜空上绽放。花炮一共分为四个，抢到花炮的幸运儿会得到奖金或礼品，然后由村民敲锣打鼓舞醒狮护送回家，同时还会护送"土地神"到幸运儿的家，保佑他一家来年顺风顺水，如意吉祥。这么好玩的社火活动我在读小学的时候第一次参加。那时上祠堂的路没有现在的好走，都是泥泞小路，也不认识路，只跟随着村民往祠堂的方向不断跑。那个夜晚，双脚交替奔跑，耳边呼呼生风，眼睛里满是笑意，只意识到田野、故乡和存在的感觉。如今这些已经沉淀为一种永远的记忆。

◎　花炮

◆ **热气腾腾的"鸡煮酒"**

酒香扑鼻
鸡味浓郁

姜要足够多

味道太好啦！

先把姜炒好，要猛火，然后放入鸡肉一起炒，放入石湾米酒，加水煮汤，最后放入濑粉和葱花。

土地神源于古代的"社神"，是管理一小块地面的神仙。《公羊传》注曰："社者，土地之主也。"清·翟灏《通惜编·神鬼》："今凡社神，俱呼土地。"

土地神崇奉之盛，是由明代开始的。明代的土地庙十分多，这与皇帝朱元璋有关系。《琅讶漫抄》记载说，朱元璋"生于盱眙县灵迹乡土地庙"。因而小小的土地庙，在明代备受崇敬。如《金陵琐事》称，建文二年（1400年）正月，奉旨修造南京铁塔时，在塔内特地辟出一个"土地堂"，以供奉土地爷。又有《水东日记》称，当时不仅各地村落街巷处有土地庙，甚至"仓库、草场中皆有土地祠"。土地神的形象大都衣着朴实，平易近人，慈祥可亲，多为须发全白的老者。

康公诞

古代神话故事"牛郎织女天河会"造就了大家都非常熟悉的七月七乞巧节，而七月七日也是"康公真君"的诞辰日，因而也称"康公诞"。

关于"康公诞"的来源，有一个传说：古时有位叫康公之人，他是修炼道教的苦行僧，当他道果将修成时，匆匆返回天宫朝圣。在途中，他遇上一位养鸭的人，见到"呷呷"欢叫的鸭子，内心上深深地喜爱上肥嫩的鸭群，一时间忘记了上天朝圣之事，与牧鸭人一同在鸭寮、池塘边与鸭子嬉戏，并将鸭子的形象深深印于脑海之中。不觉临近天黑，他急忙赶到天宫朝圣。他身上满是鸭腥味，又是迟到之人，结果，被其他臣子认为是耆好宰杀鸭子之人。不管康公百般辩解，均无法使圣上明鉴。此时，有位很高道术之人，从后拍了一拍康公的肩膀，谁想这么一拍，康公的口中竟吐出数只鸭子来。这下子可不妙了，圣上立即下旨，令康公再下凡间去修道十年。于是，康公再度下凡，苦练了十年后，始得正果，修道成仙。从此，人们把康公修道成仙之日，作为他的诞日设坛拜祀。康公成仙那天，刚好是七月七日，因而一些中山人特别是信道的道徒，把七月七当做是"康公真君"诞。由于康公因爱鸭而被罚苦修之故，在康公诞之日是不能吃鸭的。

（来源：中山文化信息网）

在农历七月七日这一天，中山凡建有康公庙的地方均设有醮坛，供人们拜祭。而在神湾镇，宥南村桂涌队自咸丰八年（1858）就建有康真君庙。该庙历经三次重建，距今已有近160年历史了。逢此节日，村民会隆重举办烧炮活动，且持续三晚唱大戏（粤剧）庆祝。靓丽的服饰、精湛的演技、动人的韵律，让粤剧爱好者大饱眼福。

该庙专主民间喜庆法事，殿前中央放置有"酒船石"，于清咸丰年间雕刻而成，并有祥云图案。该石专给善男信女向神佛礼拜奠酒之用，因而称为"酒船石"。庙内还设案台、天井、拜台，庙柱雕龙画凤，两道花雕屏风，甚是气派。庙里四季香火鼎盛。据老人家说，自建庙以来，康公一直护佑该队年年风调雨顺，平安祥和。信众来自五湖四海，求神、占卦、求签，特显灵验。因此，该庙现为神湾镇辖区内香火最旺的庙宇。

小 Tips：

据《搜神记》记载："广福康皇仁恩大帝"简称康元帅，是道教护法四大元帅之一。康元帅慈慧悯生，从不伤害幼小者，照顾孤寡，连虫蚁也怕踩死。康元帅慈爱悯众，声闻于天。

民间说法，人死以后，亡魂被常鬼勾走，先送到当地的土地庙中土地爷那里报到，然后送到当地城隍庙城隍爷那里汇总，最后解到东岳大帝处听候处理。有这么一位连蚂蚁都怕踩死的"仁恩大帝"康元帅掌管基层机构，可以大大减少冤假错案，不但东岳大帝对他办事放心，就是百姓们心里也感到踏实。康元帅为一武将模样，浓眉虬髯，威严勇猛，手执瓜锤，不大像个慈善之辈。或许做了阴间的将军，就该有副凶猛的样子，才能震慑住鬼魂吧。

咸水歌

　　咸水歌早在清代就流行了。清人屈大均的《广东新语·诗语》和《广东通志》中分别记载："疍人亦喜唱歌，婚夕两舟相合，男歌胜则牵女衣过舟也。""民家嫁女，集群妇共席，唱歌以道别，谓之歌堂。"明代嘉靖年间出版的《香山县志》风俗篇中记载："醮子女，歌唱以导其情，曰歌堂酒。"

　　咸水歌是"疍家人"用疍家话来传唱的，以口传心授的方式一代一代流传至今。咸水歌以独唱、对唱为主，有一定的韵律。水上居民日常大都自唱，是生活中不可缺少的自娱自乐，成为富有水乡特色的乡间文化。

　　神湾镇地处珠三角沿海，传统"咸水歌"源远流长。由于受邻镇坦洲、板芙的影响，咸水歌早在新中国成立前已经广泛流行，分布在竹排、定溪、冲口、海港、外沙等几个村落，一直传承至今。进入新社会，唱歌者以当时当地的情景，自发激情，随心抒发感情以达意境。咸水歌已列入国家非物质文化遗产名录。神湾镇已开展项目追踪申报和创建工作，建立机构，组建传习所，组成 26 人队伍，逢重大喜庆活动表演演出。

中山过去临海，浮家泛宅的人不断从四面八方来到珠江口沿海一带冲积平原上繁衍生息，被称为"疍家人"。他们以种禾、种蔗、种蕉、养鱼为生，同时也种桑养蚕，出海捕鱼。他们在繁衍生息的同时也创作了丰富的民歌，他们所唱的歌曲就叫"咸水歌"。

中山咸水歌分为长、短句咸水歌、高堂歌、大缯歌、姑妹歌多种，包含了疍家人对精神生活的追求和取向，对疍民的历史、宗教信仰、生活方式等具有人类学、民俗学的研究价值。

宥南武术醒狮队

　　神湾镇于 1988 年成立"宥南武术醒狮队"，队员共 16 人，主要服务于神湾镇内开展的节假日喜庆活动，如每年镇政府欢送应征入伍新兵，民间喜庆节日，与邻镇武术队、澳门同乡武术队进行交流联谊活动等。

神湾镇髻山曲艺社

　　粤剧是广东戏曲类的剧种之一，从新中国成立前至今天，盛唱不衰。神湾镇从1999年组织成立一支经注册立档的"神湾镇髻山曲艺社"文化队伍，地址选在旧宥南村委会背后的一间约50平方米的平楼里。业余爱好者可到此学习演练。该社由镇宣传文化中心直辖领导，有团队人员22人。

　　曲艺社逢节假日下乡送戏，表演形式有独唱、对唱、折子戏。每年"五一"、中秋、国庆、春节等节日会深入农村厂企开展数十场表演，同时也参加上级文化部门开展的群众性艺术比赛活动。

◆

村落的光和影

每个村落都有自己的语言，散发着独特的气质。蕴含其中的，不乏那触手可及的民俗与世情。

海港村

"临水村庄的清静淡然，总是城市人消受不起的福分。粼粼波光、浅浅绿浪，田村风光足以躲避纷繁人烟的叨扰。走进海港村，最初展现在眼前的便是靠水为生的大排。门前更多半留有一方惹人艳羡的宽阔庭院，漫不经心地扦插，散播着生活的闲情逸致。"

深呼吸
想要进行一场深度光合作用
邀上五官与心情
轻踏海港

流连水乡之间
听小鸭鱼儿聊天
与自然寻欢

小 Tips:

· ·

　　海港村地处神湾镇西南部，由大排、芒冲、磨刀三个自然村合并而成。全村面积9平方公里，常住人口约3100人，共693户。经过多年的不懈努力，海港经济开始腾飞，由一个偏远农业村发展到以工业为主，港口迅猛发展，种养业（菠萝、香蕉、鱼塘等）不断提升的海岛工业村；由交通不方便发展到水陆交通顺畅的兴旺港湾。海港村工业污染较轻，生态良好，环境优美。山环水绕、空气清新，后备土地资源相对充足，便于外来企业投资、开发、持续发展。　海港村依傍西江磨刀水道出海口处，咸淡水交汇，水质优越，护殖禾虫得天独厚，禾虫养殖成为该村的特色产业。村民有"两斤禾虫一担谷"的说法，小小禾虫，效益可观。

◎ 织渔网

大　排

　　原是个海岛，1971 年分别筑了东、西两岸地段，与磨刀、芒冲相连。据说 20 世纪 20 年代因江沙淤积开形沙滩，人称"沙仔"。随后人们陆续在此围垦定居。1956 年建立高级社，1958 年改称大排大队，1980 年前筑建成二围，并于中间自东开了一条涌，颇多河沙，船只常从此涌出入捞沙，因此被称为"大把沙"。后来以谐音命名为"大排沙"。大排村民沿涌边呈条状聚居，耕地面积 180 亩，主种水稻、香蕉、蔬菜等。大排沙一河两岸具有独特的水乡风情，现在还有很多村民以捕鱼为副业增加家庭收入。

　　当地人近水吃水，白天行船出河，捕得鱼来卖，换取生活所需。

正值寒冬，渔民会穿上特制的
连体水衣，浸在水里采摘莲藕。

面对收获的喜悦，他们摆出"耶"的手势。

磨　刀

　　由山脚村、四顷涌村、顷三村、十二顷村与磨刀新村组成。与芒涌、大排连成一个海岛。据传100多年前，此处是一片沉积沙滩。曾有一位外国商人认为此地四面环海，可以建埠，但埠未建成，所以古有"磨刀皇城之称"，后来城墙倒塌，只沿称"磨刀"。盖因山形似有刀有石，如磨刀状，故名。

　　磨刀岛位于神湾镇珠江的西江入海口（磨刀门水道）。古代渔民打鱼，官兵剿灭海寇，或者抗击外敌，都从这里出海。岛上旧时有关帝庙。据说关公能御灾除患，掌管风雨，招财进宝、庇护商贾等，因而成为老百姓的保护神。每逢关帝诞都举行祭祀关帝的活动。是日又称"关公磨刀日"，若逢降雨（"关老爷磨刀雨"），预示全年风调雨顺。传说江边旧时有一块大岩石，称为"磨刀石"，又称"磨刀矶"。官兵或渔民出海前在此拜拜磨刀石，必获大利。

盛世游艇会："水城威尼斯"

磨刀岛上已经在兴建一个大型的旅游度假中心。豪华舒适的五星级酒店、别具"水城威尼斯"式的大型水上别墅、户户沿江临水，拥有私家游艇码头，组成南中国"盛世游艇会"。届时岛上将成为现代都市人享受休闲和安居的理想之地。

盛世游艇会由新加坡吉宝集团投资。该项目规划面积 1200 多亩，首期建设面积 300 亩。项目规划超过 615 个游艇泊位码头，同时配套建设集酒店、产权式公寓、维修补给、驾驶培训等于一体的大型综合性项目，建成后将成为国内最大的游艇会所之一。

芒 冲

150 年前该村只是一片芒山，长满芒草，三面环海，有涌直达山坳。后有沙溪、大涌农民到此割芒，常经此涌出入运输，故名芒冲。此后越来越多人移民至此定居，围垦造田。芒冲原属磨刀乡，1958 年自成大队，1983 年 12 月再并入磨刀乡。村民聚落沿山脚呈条状分布，建筑多为砖瓦平房。耕地面积 70 亩，主种香蕉等果蔬。

芒冲祖庙

芒冲约于 1823 年初步形成村落。村民们为了祈求风调雨顺，表达对上天福泽的感恩之情，于是集资修建庙宇供奉菩萨，也借此纪念村庄的初成。这个庙宇就是芒冲祖庙。

高添墓

高添墓位于神湾镇芒冲村添公山，建于宋代，清代重修。

高添为仁厚乡城关里人，宋景炎二年（1277 年）端宗赵日正自潮州避敌至香山，高添献粮两千石勤王，受封为宣义郎，随朝护驾。端宗驾崩后，高添因年迈辛劳病逝于硇洲。遗体由其后人运返香山安葬。

定溪村

　　因水而生的地方。四百年前这里是山脚海滩，三面临海，山沟流水，倾注入海。坦洲的方氏人家来到这里围垦造田，借助溪流灌溉，称为"定溪环"。后来不断有人迁入定居，故简称为"定溪"。

◎ 定溪村寸头林荫道

　　我们精心策划在春天的时节来到定溪村。抬头察看每一片新生树叶，查看每一个鸟窝里新孵出的小鸟，问候刚睡醒的每一朵花，逗逗懵懂的青蛙。住在定溪，你可以感受到的不是春色无边，而是春色就在身边。

◎ 龙眼

◎ 桂花

◎ 向日葵

◎ 喇叭花

◎ 绿树

◎ 定溪村景

定溪村民喜欢在自家院子里养花种树，与植物为邻。窗边缠绕的金银花散发出甜香，满园的桂花点缀，九里香不知在什么时候结了可爱滚圆的果子，霸道的叶子花也悄悄开红了一面墙。

村民喜欢采下含笑花瓣，晒干，泡茶喝，可护肤养颜，安神解忧。

村里的每处绿色植物都是一片风景。

村里种有很多杨桃树，成熟的杨桃
挂满枝头。

马角庙

位于定溪村南部沿海。清朝时,运输船只多经过此水道,须缴纳当时布防于沿海的"海税"关口"流金厂"的通行费用。由于水陆畅通,使当时建在定溪南部的"马角庙"香火鼎盛。求神纳福,占卦求签,信民不断流入,四季受香火礼品,逐渐形成信仰民风。

邱　屋

在神湾镇政府南 2.4 公里处。约于清康熙初期(1662—1675),有人迁此聚居。因该村村民主要姓邱,故名。聚落在公仔顶山南麓呈块状分布,建筑多为砖木结构平房。耕地 281 亩,主产稻谷。

走进定溪村里的邱屋,有一种穿梭在漫长时光隧道里的感觉,古旧的气息会勾起人对流年况味的追忆。直至今天,邱姓的居民已搬迁得所剩无几,只留下几户人家。周遭宁静,偶尔可听到几声狗吠和屋子里传出的说话声。

◎　邱屋掠影

外沙村

碉 楼

　　位于神湾镇政府以北6公里，外沙村枕头角第八生产小组的东面。碉楼始建于1839年，由林氏族人牵头，村民集资兴建而成，为青砖墙、里外砖墙夹缝中心水泥砂浆三层半楼房结构，楼板为竹篾钢筋水泥倒制，至2016年已有187年历史。碉楼所在之枕头角村，1949年前原名潭坑村，水域辽阔，水草丛生，常有盗贼出没。为确保人身、财物安全，抵御外寇盗贼掠抢，村民组织自购枪支弹药，依据碉楼防御。因村后有山，其貌似醉翁倒地，后改名为枕头角村。

　　同时，在村民中流传着五桂山游击队攻打大天二萧天祥的故事。
1946年，由大天二萧天祥担任队长驻守外沙碉楼，与东江纵队二五
大队进行对抗。7月某晚七时许，东江纵队五桂山游击队围攻碉楼，
双方经过约两小时的交战，游击队伤亡队员1人，大天二队伍伤亡4人。
最终，因游击队三面围攻，大天二队伍抵挡不住，至晚上九时全部被俘。
时至今日，碉楼中高层的正门面与东面楼墙仍留有多处枪弹射击痕迹。

　　徜徉在这些氧气充足、悠闲自在的村落里，试着眯着眼睛，慵懒地行走，能让安静的心细细体会行走画里乡村的美感。

◆ 神湾好吃好玩，遍地都是人情味！

美食 guide line

　　嘴刁的人在哪儿都能找到好菜好饭，这里推荐的美食 guide line 能满足那些"想在神湾吃到一顿好饭"的人的需求。

◆ **尖山云吞面**
....

　　纯手工制面。不卖装潢，没冷气，整个上午生意都很好。每到营业时间，远远就能感受到汤面的热力，店内座无虚席。云吞和面是经典的搭配，哧溜一口面条，咬下一口云吞，顿时有一种朴实满足的怀旧感。拉布粉的分量不大，经常会陷入吃一碟不够，吃两碟太饱的两难境地。

　👍 推荐：云吞面、牛腩面、拉布粉
　🕐 营业时间：6:30—11:30
　📍 地址：神湾商业北街，即旧市场对面

◎ 虾蟹粥

◎ 炒螺

◆ 无名食店

这里有近期微信朋友圈里最红最 hit 的虾蟹粥、云吞、猪头公，一般晚上七点后沽清。在这里，你能任性地吃到扶墙且花费不大。其次是经常有小惊喜，譬如能吃到在大饭店也吃不到的小鲜味。小河虾，小鱼鲜，肉质鲜嫩，盐水清煮原汁原味，爆炒或是红烧，都是好味道。老板很友善，虽然店铺没有名字，可是名声远播。

👍 推荐：虾蟹粥、云吞、猪头公

🕐 营业时间：18:00—24:00

📍 地址：外沙安隆围桥边侧

📞 联系电话：13620379732

◎ 咖喱牛杂

◆ 洪记面馆

有着浓郁的澳门风味，牛腩面、牛筋面、鱼蛋粉、肠仔双蛋公仔面、红豆冰、港式快餐等都可以在这里找到。招牌是面和咖喱，咖喱牛腩和咖喱牛杂特别惹味，配上一杯怀旧的红豆冰，畅快！

🕐 营业时间：11:00—21:00

📍 地址：神湾新市场内街

📞 联系电话：0760—86785800

◎ 红豆冰

◎ 加肠仔

◎ 肠仔双蛋公仔面

◆ **斌记美食店**

　　这是一间温暖的家庭式小餐厅，内里的摆设充满了家的味道，让人感到亲切不已。每道菜都细心温馨，犹如家里父母烧煮的家常菜。白切鸡、啫啫黄鳝煲、清蒸白贝等，全部注入了老板对家庭料理的热情和执著。一道简单的蒸白贝被捧上桌面后，收获的不止是鲜美多汁，肉质肥厚的口感，还有浓浓的人情味。

🕐 营业时间：10:30—14:00　17:00—24:00
📍 地址：神湾旧市场鹿角树公交站牌旁
📞 联系电话：0760—86609817

◎　白切鸡

小蔬菜，大滋味！

◆ 广隆饭店

伴江景美色尝禾虫美食。1998 年创办，是一间以经营禾虫菜式而闻名的特色饭店，深受食客的喜爱。秘制各式咸淡海鲜、烧味、一桶鸡、蒸黄鱼等，在农历九月前后期间供应新鲜肥美的神湾特产禾虫，做法有炒、炆、煎、蒸、焗、汤等，均非常美味。原材料均源自于本地周边的无污染水域，确保鲜美纯正。此外，该店位于竹排岛上，毗邻磨刀门水道，食客在品尝着美食的色香味的同时，可放眼观赏蓝天艳阳倒映西江的如画美景。一边吃一边观看江边景色，绝对是一件惬意的事情。

曾接待过重要贵宾（如国内外要人、名人），中央电视台、广东电视台、中山电视台均有来访报道。

🕐 营业时间：10:30—21:00
📍 地址：神湾镇竹排村竹排村委会旁（斗门大桥脚）
📞 电话：0760—86609099

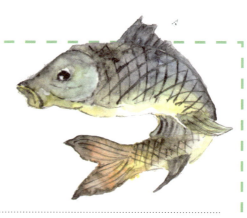

◆ 卖鱼添饭店

　　站在饭店门口就可以看见水族箱里的海鲜。只要客人点菜，厨师就随手一抓，干净利落，真是"看得见，吃得快"的爽快新鲜。从"卖鱼"的头衔已经可以看出该店的主打产品是海鲜。店内每日有游水海鲜供应，烹饪功夫一流，招牌菜有盐水浸海鲈、蒸鱼扣、番薯芥菜胆、蒸南瓜、黄豆竹芋汤等。

　　主厨大哥介绍独家功夫："盐水浸海鲈简单易做。在烹饪前，先将鲈鱼用盐水腌渍数小时，把鱼身的咸味控制得恰到好处之余，鱼肉口感也变得较实，再配以酱油调味，充分带出鱼的鲜味。加之鲈鱼皮经腌制，硬了很多，十分爽脆，近似白灼鱼皮的口感。该菜堪称海鲜菜式中的一绝。"

　📍 地址：中山市神湾镇新市场侧

　📞 电话：0760—86609131

　🕐 营业时间：7:00—14:00（有早茶喝）　17:00—20:30

◆ 128 海鲜酒楼

海鲜酒楼里品菠萝宴。128 海鲜酒楼是神湾镇内无人不晓的老字号，更是当地人招待外宾的首选饭店之一。每天供应茶市、饭市。招牌菜有清蒸三黎、菠萝美食。入秋时供应当造神湾禾虫，做法有炒、炆、煎、蒸、焗、汤等。除了上述例牌菜式外，这里的菠萝宴更是久负盛名。

主厨介绍招牌菜式之一的什锦烩松子："此菜式其中包罗松子、玉米、虾仁、蚬肉、芹菜、红萝卜等食材，盛装在掏空的神湾菠萝中，卖相精致之余，吃到底部时用勺子打出菠萝汁，与各种食材混在一起，可将菠萝的清香与其他食材的清新爽口尽收口中。"

◎ 地址：中山市神湾镇沙岗街 2 号

◎ 电话：0760—86600339

◎ 营业时间：7:30—21:00（有早茶喝）

◎ 菠萝咕噜肉

◎ 菠萝包

◆ 清波海鲜酒楼

··

　　本着"进好料，做好菜"的宗旨，清波的味道已经成功俘虏了神湾人们的胃口。这里主要以粤菜为主湘菜为辅，盐焗乳鸽、白切鸡、清波第一牛、蒜香排骨等都是招牌菜。值得一提的是，老板潘生还是一个热心公益事业的人士。

📍 地址：神湾镇凝星名都楼盘侧

📞 营业时间：9:00—14:00　17:00—21:30

🕐 电话：0760—86785189

老铺寻迹，聆听光阴的故事

柴米油盐平常事，回忆深处是首诗。小镇里的某些传统正在消失，我无力把它在时代的洪流中保存下来，但希望记录下来，留给后人。

彩艺照相馆

"很抱歉，我们无法挽留你的青春，或者幸福。但愿我们能做的，是记录下你最想留住的，那段时光。"（诗人汶沙）

已有 30 多年历史的照相馆，记录了小镇里很多人的岁月时光，是神湾镇第一家照相馆。如果当你老了后发现照相馆的相框里依然留有你学生时代的照片，请不要惊讶。嘘，别惊醒了光阴，你只管静静地自恋那美好的，容颜。

咔嚓！

"老肖" 小卖铺

它实名叫"辉华杂货店"，因为最早的店主被街坊们叫做"老肖"，因此它也直接被称为"老肖"。它的存在似乎就是为左邻右舍提供油盐酱醋的方便。

童年时代，电视机并不是家家普及。"老肖"会早早地在小卖铺前面摆上一些小凳子，待到晚上，周边的大人小孩闲着没事就过来坐着看电视剧。他们通常会买一袋玻璃罐子里装着的奶油曲奇或者咸脆花生，边看边吃边聊。

打金铺

　　一家首饰加工铺。店铺不大，装饰也不堂皇。柜台里以及四壁的墙上，摆挂着一些朴实，没有太多花样的金银饰物，多为手工制作。老板是一对夫妇，他们技艺高超，一块银锭拿到手中，一会的功夫，就会变成一只漂亮的银戒指或者银手镯，上面还雕刻上精致的图案。

榨油铺

小镇里的榨油坊已经逐渐被淘汰，剩下不多。"吴妍"花生油铺，在天长日久的花生油香气的浸润下，让人远远地就可以闻到一股浓郁的香气。在师傅麻利的动作下，金黄透亮香喷喷的花生油便从大釉缸一端打入漏斗，再流入油瓶里。

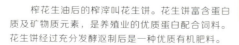

榨花生油后的榨滓叫花生饼。花生饼富含蛋白质及矿物质元素，是养殖业的优质蛋白配合饲料。花生饼经过充分发酵沤制后是一种优质有机肥料。

缸瓦铺

　　小镇上有几家专卖瓷碗的老店。店里的瓷碗用油纸层层包住，然后用红色碧丝绳分门别类捆扎好，一捆捆地排放在木柜上。

　　瓷碗乳白的底色上有靛蓝色线条勾勒出细边。蓝色的细边是不均匀的，颜色有点洇开，像一直含有水分，擦也擦不干。

到农场撒点儿野

　　果场里种有菠萝、荔枝、龙眼、火龙果、黄皮等多种果树。最大特色是，它盛产神湾菠萝及拥有上百亩的荔枝林。荔枝林里有大大小小数百棵荔枝树，其中40多棵超过130岁的"高龄"，是神湾现存面积最大的荔枝园之一。除了可以在水果成熟的季节前来采摘新鲜的水果外，还可以到果场里组织烧烤或者各种类型的聚会。食物可以由果场提供，根据你的口味提供，比如说烧烤的肉类海鲜、神湾特色水果、柴火粥、番薯玉米，煨鸡等。果园里大树遮阴，就算是夏天也很凉爽，秋来时抬头就能见到成熟的柿子。

📍 地址：神湾镇沙岗背山地
📞 电话：13702383586（黎先生）

金凤生态葡萄园

位于金凤路旁边，占地 50 亩，分别有夏核无籽、巨峰南芽和提子温克这三个品种。园内棚里挂着圆润饱满、鲜嫩水灵的葡萄，让吃货们垂涎欲滴。

📍 地址：神湾镇金凤路旁

◎ 无花果

臻琦农场（无花果园）

据农场主介绍，这块试验田占地 30 亩，种植了波姬红、青皮、中紫三个品种的无花果。在树上挂着的紫红色的无花果已经成熟，是纯原生态果实，没有农药和防腐剂，可连皮带肉一起吃，口感软绵，清甜味香，甜而不腻。新鲜的无花果含有丰富的蛋白质分解酶、脂酶、淀粉酶和氧化酶等酶类，能促进蛋白质的分解。当人们多食了富含蛋白质的荤食以后，以无花果做饭后的水果，有帮助消化的良好作用。无花果对咽喉炎有一定的治疗效果，除了生吃外还能煲汤养生调理。

🕐 采摘时间：每年的 7 月
📍 地址：神湾镇磨刀彩虹路口旁
📞 农场主波哥联系电话：13902591297

自由生活馆

　　自由生活馆是一个自发组织活动的地方。本着非盈利的宗旨经常组织户外活动，如自驾游、爬山、野外烧烤、海边露营、自由农场活动等。还有不定时的小聚会，活动费用AA制。自游生活馆的成员都是自游人，他们热爱交友和户外运动。如果你有兴趣也可以加入，享受生活，快乐畅游！

📞 联系人：陈先生 13005517575

　　都到这个份上了，还有不到神湾吃喝玩乐的理由吗？

◎　西河水闸附近，风景优美。很多人喜欢在这里徒步，踩单车，散步。

◆

神湾人生活杂凑

　　有些人家会在门前栽种白兰花树遮阴，或零碎地摆放几盆花花草草。懂得持家的媳妇还会在花盆里种上各种饭桌上常见的蔬菜，或者干脆搭一个小架子种丝瓜、茄子，一蔬一菜当勤奋。

　　夏天晚上，茶余饭后，大人们会在自家门前围坐着闲聊趣事。孩子们爱搬个凳子往人群里钻，为的是能听到一两个鬼神故事。他们既害怕又爱听，常常会因为小猫走过来舔一下脚趾头而惊跳起来。

　　村里有些老人喜欢手拿一杆水烟枪。水烟罐里咕噜咕噜地冒着水泡。他们吸一阵，抬起头，吐出一缕乳白色的烟雾，脸上充满着惬意、满足的神情，吞云吐雾间或有一搭没一搭地闲聊着。烟袋烟筒如果盛白糖水，吸出的烟有甜隽之味；盛甘草薄荷水，则可以清热解渴。

晨钟刚刚敲过，阳光斜着穿过街道小巷，裹挟着早晨的本地人。集市上早餐店很多，里面坐满了要上班的上班族和要上学的小孩子。大家正襟危坐，耐心等待着店家捧上一碗美味的早餐。如在周末，几个男人会叫上一碟炒河粉，一碟净牛腩或者一碟煸猪肠。几杯九江双蒸酒下肚，他们的脸就扑通红起来，互相说说心里话，一直坐到早餐店打烊方才离开。

　　晚饭后，人们会在海景街的景观长廊上慢悠悠地散步，小孩子牵着爸妈的手一蹦一跳，老人们边走边前后拍着手做简单的运动。江景美丽，偶有一两条经过，风吹来顿感凉爽无比。

周末来临，携带渔具，带上家人，在一汪碧水中扬竿垂纶，欣赏绿草如茵，体会宁静温馨，任凡尘俗事尽抛鱼竿后。

好客

常约上亲戚朋友到家里烧
烤或者聚餐，再喝上一杯烧酒。
好客，我喜欢这种人世间的味道。

绿道骑车，一路骑行，一路收获。现代人喜欢吃，更喜欢健康，神湾有山有水，非常适合骑行和徒步。拥有40多公里"奢华"海岸线的神湾，对广大"骑友"来说是骑行胜地之一。从神湾大道一路向南骑行，沿途可领略神湾丫髻山、铁炉山等山峰奇景。到达神湾镇政府后，往西北方向经彩虹路进入磨刀岛，不仅可以进行环岛骑行欣赏河岸风光，还可以临江垂钓。环骑该岛的中部西岸，还能看到岛上与丫髻山等齐名的卧佛山。卧佛山上卧佛的大肚子、大鼻子、大嘴巴、大眼睛甚至长眉毛清晰地呈现眼前，惟妙惟肖，一副憨态可掬的慈祥模样。

毛巾（擦汗）

单车

water

水瓶

　　神湾人喜欢拜神。通过拜神祈求家宅平安，求得内心的安宁。每逢"好日子"的凌晨两三点，便可以看到村民排队等候在寺庙处，篮子里放满香烛供品以及用红纸写好的来年保佑事宜。

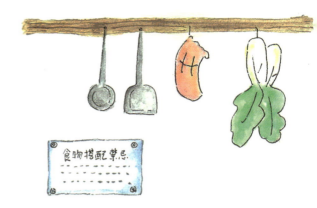

与老伴在大树下乘凉，手摇蒲扇，生活很悠闲。屋内的厨房里，煲着一锅老火汤。

后记

但愿人长久

我能忆起，
墟石桥边水草上水的流动，
老房顶上的杂草，
节日里家门前的爆竹屑。
攀着狗尾巴跑到丫髻山脚下的小溪边捉蝌蚪，
窜到地里摘桑葚，
甚至跑到小涧里拔艾草。
农村的夜里是纯绿的黑墨油，
偶尔看见有萤火虫飘落庭前，
闪闪烁烁掠过晒衣裳的晾竿边，
又高高飞过屋瓦而去。
当外婆洗好了晚饭后的碗盏，
把我抱到院子里看月亮，
她说我的眼珠子啊，真明亮……

"原来姹紫嫣红开遍，似这般都付与断井颓垣。"《牡丹亭》里的唱词，在我手绘这本小书竟常在耳边鸣响。也许是不愿存于心底的思念消逝，更想把新意盎然的家乡习俗、文化与面貌展现给读者，所以任性地写下了书中的文字，手绘了一些图画。但愿读者捧起这本小书时，美好的家乡能得到欣赏的目光。

　　我在教学生书写汉字里的"家"时，很愿意让他们举起小手一笔一画腾空书写。"家"字的上半部分意味着遮风挡雨的屋檐，是一所房子，是全家人生活的地方；而下半部分的猪则代表着食物、代表着饱肚子、生活丰足。一家人在一起，有归属地，有食物，便是亲情，

是家，是家乡。但或许现在，"家乡"一词更多的也只有当人们在春运时拥挤在扛着、背着各式包袱的人流中，在售票大厅内高声说着那个地方名时才会狠狠地被提醒。

家乡，应该是渺小的我们拥有的最大财富。它包容我们的出身，不嫌弃我们的长相，不介意我们是否会衣锦还乡。它就像个老母亲，一寸土地一缕微风也是陪伴。当写下"远远地便可以看到绿色的丫髻山，山下是熟悉的小镇，镇里有着亲爱的家人，这便是最为动人的风景"时，不知道这份家乡情怀是否会与读者有所共鸣。在这片最为动人的风景地，真愿意慢慢感受、回忆、了解及理解它，理解它的嬉笑怒骂、苦乐酸甜，它的骄傲，它有过的故事，它见证过的所有成长。

于是一路的寻访在丰厚的故乡情结中完成，就连街道上那股油渍味我也极为贪恋。那些只属于神湾本土的最令人啧啧赞叹的传统好味道、保留下来的传统习俗、古村的容貌、充满神话色彩的高山流水古庙石桥、乡亲们的平日生活、每一间特色店铺、每一处好风景，阵阵淳朴乡风，都会让我为之感动得只想说一句：山水如此美好，但愿人长久。

是的，一种但愿人长久的乞求。无论记忆中的家乡如今有怎样的变化，它都是我们最先拥有亲情、认识"柴米油盐"、感受爱的归属地。愿每一年的每一天，回到家乡都有家人在，再有几个家乡菜，一桌人围坐一起，年华恰好这样被珍惜。

最后，感谢在本书写作期间给予我支持的诸多亲友。最感谢许生陪伴我走访神湾每一个角落寻找素材，他就像一个隐藏幕后的操心保姆。闺蜜小高在寒冬带领我到藕田看农民收割新鲜藕的过程。充满文艺情怀的靖宇哥哥不怕麻烦地给我想要的许多资料，并亲自帮忙联系采访人。还有抽空为本书写序的诗人梁雪菊。感谢神湾镇镇政府宣传办为本书提供照片。最后要感谢对文稿进行细致校阅，并始终支持我的编辑们。当然，最感恩的还是儿童文学作家何腾江先生能给这么一个珍贵的机会，让我可以把家乡写在笔下，画在笔下。

谨以此书，献给孩子们的未来。

采访记事

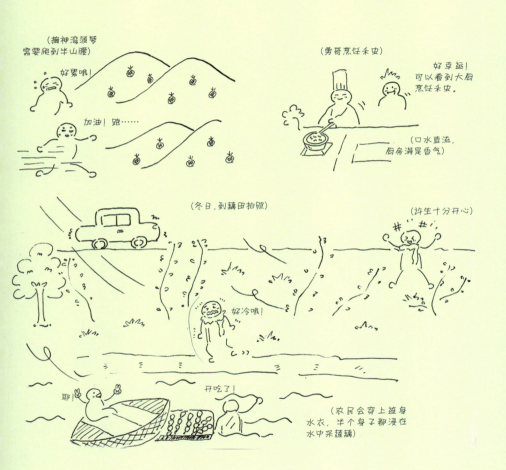

爱的陪伴

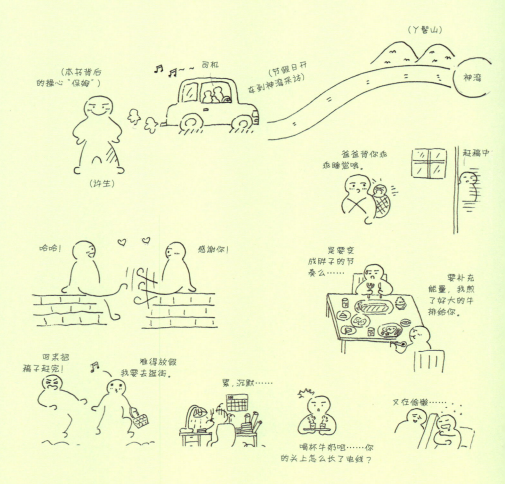

写稿记事

"Hello，中山"
手绘漫画系列征稿启事

你的笔下画过美丽的中山吗？

你写下的字里行间充满对中山的热爱吗？

如果你是这样地爱着这里的一草一木，一花一景，一人一天地；

如果你无数次尝试着将中山的人、情、味记录在画笔之下或文字之间；

如果你有着无数创意却没有找到机会将它向更多人展示；

那么，请来应征"Hello，中山"手绘漫画系列的征稿吧！

以镇、区级行政单位为内容范围，对中山地方标志性建筑、特色旅游景点、地方特色节日、地方特产美食、地方文化及历史故事、地方特色产业、个人成长及生活经历进行介绍。每部作品以手绘漫画50幅、文字稿5万字起征。

投稿必须为原创作品。请勿一稿多投。截稿时间不限。

将手绘漫画稿或文字稿以电子版或纸质版方式寄送中山出版，并附上作品主要联系人的姓名、籍贯、手机号码和常用邮箱。

纸质版稿件一经寄出，恕不退还。

寄送邮箱或地址如下：

电子版：zszscb@qq.com

纸质版：广东省中山市中山五路1号中山日报社8楼

广东人民出版社中山出版有限公司 编辑部（收）

邮政编码：528403

详情请洽：（0760）89882925、89882926

广东人民出版社中山出版有限公司

2016年6月